天皇の制度と日本共産党の立場

志位和夫

目次

天皇の制度と日本共産党の立場

志位和夫委員長に聞く

聞き手　小木曽陽司・赤旗編集局長

志位和夫委員長（右）と小木曽陽司赤旗編集局長

この機会に大本から考えたい――日本国憲法と改定党綱領を指針に

「しんぶん赤旗」・小木曽陽司編集局長　この間、天皇の「代替わり」が行われました。新しい元号の発表、新天皇の即位、「代替わり」の儀式などが続き、即位にあたっては衆参両院で「賀詞」決議が採択されました。これらの動きに対する日本共産党の対応がメディアでも話題になり、「もっとよく知りたい」「真意はどこにあるのか」という声も寄せられています。

志位和夫委員長　この間の一連の動きへの対応で、私たちが指針にしてきたものが二つあります。一つは、日本国憲法の条項と精神です。もう一つは、２００４年の第23回党大会で改定した日本共産党綱領です。私たちは、この二つを指針に、天皇の「代替わり」、さらに現在の天皇の制度にかかわるさまざまな問題に対して、慎重に、また厳格に吟味し、発言や行動をしてきました。

ですから、今日は、この一番の基本にたちかえって、現在の天皇の制度をどうとらえるか、この制度の現在と将来にどのような態度をとるか、いまただすべき問題点はどこにあるかなどについて、私たちの考えをお話ししたいと思います。

小木曽　天皇の制度については、議論を避けるという傾向も強いですね。

志位　そう思います。でも思考停止、議論停止になってはいけません。タブーをもうけず、この制度について、この機会に大本から考え、議論していくことが大切だと思います。

なぜ「君主制の廃止」という課題を削除したか

日本国憲法の天皇条項をより分析的に吟味した結果

小木曽 それではまず一番の基本のところからお聞きしますが、日本共産党が04年の綱領改定で、それ以前の綱領にあった「君主制の廃止」という課題を削除した理由はどこにあったのかから、お話しください。

志位 それは何よりも、日本国憲法の天皇条項をより分析的に吟味した結果です。以前の綱領では、戦後の天皇の制度について、「ブルジョア君主制の一種」という規定づけを行い、民主主義革命が実行すべき課題として「君主制の廃止」を掲げていました。

しかし、「ブルジョア君主制の一種」という規定は、戦前の天皇絶対の専制政治（絶対主義的天皇制）が、戦後、違う性格のものに変わったという事実の指摘としては一定の意味をもったのですが、「君主制」と規定することは誤解を残すものとなりました。

国家制度の性格をつかむ場合に何よりも大切になるのは、主権がどこにあるかということです。主権という点では、日本国憲法に明記されている通り、日本という国は、国民主権の国であって、君主制の国とはいえないことは明らかです。

さらに、天皇の制度は、ヨーロッパなどでの立憲君主制――形のうえでは国王が統治権を多かれ少なかれもっていて、それを憲法や法律（慣習法）などで制限し、事実上国民主権の枠の中にはめ込んでいる国家制度――とも決定的な違いがあります。それは、日本国憲法第4条が、天皇の権能について、「天皇は、この憲法の定める国事に関する行為のみを行ひ、国政に関する権能を有しない」と明記していることです。世界に、「国政に関す

小木曽陽司赤旗編集局長

る権能を有しない」――統治権にかかわる権限を一切もたない君主というものは、存在しません。天皇を、いかなる意味においても君主と呼ぶことはできないのです。

改定綱領で、「ブルジョア君主制の一種」という規定づけを削除し、「君主制の廃止」を民主主義革命の課題から削除したのは、このような理由からです。

根本的な性格の変化――主権者・国民のコントロールのもとにおく

小木曽　戦後の天皇の制度は、国を統治する全権限を天皇が握っていた戦前の天皇制とは根本的に性格が変わったということですね。

志位　そうです。日本国憲法の「第1章　天皇」を読みますと、この憲法が、天皇とその制度を、主権者である国民の全面的なコントロールのもとにおくものとなっているところが、大切なところだと思います。

まず、憲法第1条は、天皇を「日本国の象徴であり日本国民統合の象徴」であるとしたうえで、天皇の地位の根拠として、「主権の存する日本国民の総意に基く」と明記しています。戦前の天皇の地位の根拠は、「万世一系」――天照大神《あまてらすおおみかみ》の神勅《しんちょく》にあるとされたわけですが、現憲法では「主権者・国民の総意」がその根拠なのです。

これは、将来、「国民の総意」が変われば、天皇の地位にも変更が起こりうることを示しています。この点は、『註解　日本国憲法』（法学協会、1953年、有斐閣）でも、憲法第1条の解説で、「（国民の）総意に基くとはどういう意味か」について、「天皇の地位は、主権者たる国民の意思による根拠づけによってはじめて、象徴としての存在を認容されていることを意味するものであり、そのような法的基礎を失えば、天皇の地位は変動せざるをえないものである」とのべているとおりです。

志位和夫委員長

つぎに、憲法第2条は、皇位を「世襲」のものとしていますが、その継承のあり方については、「国会の議決した皇室典範の定めるところにより、これを継承する」とあります。戦前と同じ「皇室典範」という名称を使用していますが、これは「国会の議決」による――一般の法律と同じであって、国会の多数の議決で変更することができます。戦前の「皇室典範」は議会も政府もいっさい関与できなかったのに対して、大きく変わりました。

つぎに、すでに見てきたように、憲法第4条は、天皇は「国事に関する行為」のみを行い、「国政に関する権能を有しない」と明記しており、その国事行為は、憲法第4条・第6条・第7条で13項目にわたって限定的に列挙され、さらにそれらの国事行為についても「内閣の助言と承認を必要」とする（憲法第3条）とされています。

さらに憲法第8条で、皇室の財産授受について、「国会の議決に基かなければならない」とされ、これも国会のコントロールのもとにおいています。

これらの憲法の諸条項は、主権者である国民、その代表者が構成する国会、国会の指名にもとづく内閣と、天皇との関係を規定したものとして、いま天皇の制度を論じるさいにも、まずおさえておくべき基本中の基本だと考えます。

小木曽　主客転倒した議論もありますから。

志位　そうですね。天皇の制度との関係でも、日本の国の主人公・主権者は国民です。この基本を絶対にゆるがせにしてはなりません。

改定綱領で「天皇の制度」という言い方をしていることについて

小木曽　改定綱領で、戦後の制度を「天皇の制度」という言い方をしていることも、そうした変化をふまえたものでしょうか。

志位　私たちは、戦後の制度を呼称するさいに、略称としては「天皇制」という言葉も使いますが、綱領の文章としては「天皇の制度」という厳密な言い方をしています。それは直接には、日本国憲法のなかに「天皇制」という規定がないからですが、さらにいえば、国家体制のなかで天皇の占める比重が根本的に変化したからです。

戦前の政治体制は、国家体制の頂点に天皇が君臨し統治権の全権を握っており、まさに「天皇制（絶対主義的天皇制）」と呼ぶにふさわしい体制でした。

しかし、戦後の政治体制は、あくまでも国民主権の国家体制であり、そのなかに天皇の制度が政治的権能をいっさいもたない制度として存続しているというものです。ですから、そうした国家制度の全体を「天皇制」と特徴づけることは、厳密には正確さを欠くことになると考え、改定綱領では、戦後の制度を表現するさいには、「天皇の制度」という言い方をしているのです。

社会進歩の事業とのかかわりでも、戦前のような障害にはなりえない

小木曽　社会の進歩をめざす事業とのかかわりでも、天皇制、天皇の制度のもつ意味は、戦前と戦後ではまったく変わってきますね。

志位　そのとおりです。戦前の日本社会では、反戦平和をつらぬくためにも、国民主権、民主主義と人権をかちとるためにも、絶対的な権力をもつ天皇制を倒すことは避けて

とおることができませんでした。私たちの先輩が、どんな弾圧や迫害を受けようとも、「天皇制打倒」という旗印を高く掲げて不屈にがんばりぬいたことは、わが党にとっての誇りであり、日本国民の歴史にとっても大きな意義あるたたかいでした。

しかし、戦後は、すでにお話ししたように、天皇の制度の性格と役割が憲法によって根本的に変わりました。この制度をなくさないと、私たちが掲げる民主的な改革——日米安保条約の廃棄や「ルールある経済社会」をつくるといった改革ができないということはありません。憲法の規定を守るかぎり、この制度の存在は、社会進歩の事業とのかかわりでも、戦前のような障害にはなりえないのです。

この点からも、天皇の制度の廃止を、民主主義革命の課題から削除したことは、合理的な改定だったと考えるものです。

前の綱領の規定には歴史的背景もあった

志位　なお、前の綱領が「ブルジョア君主制の一種」、「君主制の廃止」とのべていたことの問題点をお話ししましたが、ここには当時の歴史的背景もあったと思います。

小木曽　昭和天皇（裕仁《ひろひと》天皇）が天皇の地位にあったということですね。

志位　そうです。アジア諸国民と日本国民に甚大な犠牲者を出した侵略戦争に対して最大の責任を負う昭和天皇が、その責任をとることもなく、新しい憲法のもとでも天皇の地位にとどまった。

しかも、昭和天皇は、新しい憲法のもとでも「元首」としての自己意識を持ち続け、憲法の制限条項を無視して、さまざまな国政への関与を行ってきました。1947年9月、米側に独自のルートを使って「沖縄及び他の琉球諸島の軍事占領を継続することを希望」すると伝えたこと、1951年10月、国会の開会式で、サンフランシスコ平和条約への肯定的な態度を表明するとともに米国政府への感謝をのべたこと、1975年10月、日本記者クラブで、広島への原爆投下について「やむを得ないことと思う」と容認する発言を行ったことなど、憲法を無視した多くの言動が公式に記録されています。当時のわが党の天皇の制度に対する評価と対応には、こうした歴史的背景もあったことをのべておきたいと思います。

天皇の制度の現在と将来にどのような態度をとるか

「制限規定の厳格な実施」「憲法の条項と精神からの逸脱の是正」が中心課題

小木曽　つぎにすすみます。それでは改定綱領では、天皇の制度の現在と将来について、どのような態度をとっているのか。説明をお願いします。

志位　改定綱領は、第12項――「日本社会が必要とする民主的改革の主要な内容」の「憲法と民主主義の分野で」の第11項目で、天皇の制度に対する態度をのべています。短いものですので、まずはその全文を紹介します。

「天皇条項については、『国政に関する権能を有しない』などの制限規定の厳格な実施を重視し、天皇の政治利用をはじめ、憲法の条項と精神からの逸脱を是正する。

党は、一人の個人が世襲で『国民統合』の象徴となるという現制度は、民主主義および人間の平等の原則と両立するものではなく、国民主権の原則の首尾一貫した展開のためには、民主共和制の政治体制の実現をはかるべきだとの立場に立つ。天皇の制度は憲法上の制度であり、その存廃は、将来、情勢が熟したときに、国民の総意によって解決されるべきものである」

この綱領の条項は、二つの段落からなっています。

最初の段落――「制限規定の厳格な実施」「憲法の条項と精神からの逸脱を是正」などは、天皇の制度にかかわって、民主主義革命の課題として何にとりくむかをのべています。私たちがいま、この問題で最も力をそそぐべき中心課題はここにあるということを、まず強調したいと思います。その具体的な内容については、後でお話ししたいと思います。

第二の段落は、将来の問題として、わが党が天皇の制度にどういう態度でのぞむかについてのべています。この部分は、たいへんに慎重で厳密な表現になっており、若干、踏み込んで説明しておきたいと思います。

「民主共和制の政治体制の実現」——日本共産党の「立場」の表明

志位　まず、第二の段落の最初の文章——「党は、……民主共和制の政治体制の実現をはかるべきだとの立場に立つ」についてです。ここでは、天皇の制度に対する綱領の「認識」と「立場」を表明しています。

綱領がのべているように、現制度は、何よりも「世襲」にもとづく制度であり、それ自体が人間の間に差別や身分的秩序をつくりだす制度であるという点で、「民主主義および人間の平等の原則」と両立するものではありません。綱領では、現制度に対するこうした「認識」をのべたうえで、「民主共和制の政治体制の実現をはかるべきだとの立場に立つ」と表明しています。

ここで注意をむけてほしいのは、綱領のこの部分の「立場に立つ」という表現についてです。綱領のこの部分——「日本社会が必要とする民主的改革の主要な内容」は、合計で21項目にわたって民主的改革の内容がのべられていますが、そのなかで「立場に立つ」という表現でのべているのはこの文章だけなのです。他はすべて「○○を行う」「○○をはかる」などというように、日本共産党としてその課題の実現をめざして国民多数の合意をつくるという表現になっています。

小木曽　この文章だけは、「立場」の表明にとどめているということですね。

志位　そうです。あくまで日本共産党としての「立場」の表明にとどめているということです。つまり日本共産党としては、こういう「立場に立つ」が、それを改革の課題にすえ、その実現をめざして国民多数の合意をつくるために運動を起こしたりはしないということです。

なぜそういう慎重な表現にしたかといえば、「民主共和制の政治体制の実現」のためには憲法改正が必要だからです。かりにこの問題で国民多数の合意をつくる運動を起こすということになれば、憲法改正の運動を起こすことになりますが、わが党は、すでにのべた政治的権能をいっさいもたない現制度の性格にてらして、そのような運動を起こすことが、国政の民主的改革にとって必要不可欠だとも適切だとも考えていません。

どうやって解決をはかるか——主権者である「国民の総意」にゆだねる

小木曽　それではどうやってこの問題の解決をはかるか。

志位　その問題の答えが、続く綱領の文章に書かれています。

「天皇の制度は憲法上の制度であり、その存廃は、将来、情勢が熟したときに、国民の総意によって解決されるべきものである」

つまりこの問題の解決は、主権者である「国民の総意」にゆだねるということです。私たちは、自らの展望として、将来、日本国民が、「民主主義および人間の平等の原則」と両立しないこの制度の廃止を問題にする時が必ずやってくるだろうと考えています。そのときに、日本共産党は、「民主共和制の政治体制の実現をはかるべき」という立場で対応します。同時に、この問題の答えを出すのは、あくまでも主権者である「国民の総意」だということが、綱領のこの記述の意味なのです。

そのさい、綱領で、「その存廃は…」と書いていることにも注意を払っていただきたいと思います。つまり「解決」の中身は、制度の「廃止」という「解決」もあれば、制度の「存続」という「解決」もありうるということです。この問題で、日本国民の将来の選択をあらかじめしばるようなことはしない。それが綱領の立場です。

こうした綱領の立場は、天皇の地位の根拠を「主権の存する日本国民の総意に基く」と明記した、日本国憲法第1条にも合致したものだと考えます。

民主共和制の実現の時期を、特定の社会発展の段階と結びつけない

小木曽　もう一つ、問題があります。綱領では、「将来、情勢が熟したときに」とありますが、ここでいう「将来」とはいつのことでしょうか。

志位　綱領には、「将来、情勢が熟したときに」とだけ書いてあり、その「将来」はいつかということを書いていません。書いていないところが大切なところなのです。時期についても、あらかじめ手をしばるようなことをしていないのです。

以前の綱領では、「君主制の廃止」と民主共和制の実現を民主主義革命の課題としていました。そうしますと、天皇の制度が廃止され、民主共和制にならなければ、日米安保条約の廃棄をはじめ他の民主的改革がすべて達成されたとしても、民主主義革命は終わらないということになります。

改定綱領では、民主共和制の実現の時期を、特定の社会発展の段階と結びつけることをやめました。改定綱領では、この問題を解決する時期についても、主権者である国民の総意にゆだねるという態度をとっているのです。このことを、第23回党大会での綱領改定についての中央委員会報告では、次のように表明しています。

「改定案では、天皇制の廃止の問題が将来、どのような時期に提起されるかということもふくめて、その解決については、『将来、情勢が熟したとき』の問題だということを規定するにとどめているのであります」

私たちは、この課題の解決には、外交、経済、民主主義の改革などと比べて、より長い視野が必要になるだろうと考えています。

小木曽　将来、日本が社会主義的変革に踏み出した段階で、天皇の制度が存続していることがありうるでしょうか。

志位　実際にこの問題がどう解決されるかは別にして、綱領の組み立てからすれば理論的には、言われたような段階で存続していることはありうるということになるでしょう。

かなりの長期にわたって天皇の制度と共存する、共存する場合の原則としては、日本国憲法の条項と精神、とくに「国政に関する権能を有しない」という規定を厳格にまもる、これが何よりも大切になるというのが、日本共産党の立場です。

天皇の制度についての綱領改定がもたらした積極的意義について

現行憲法の「全条項をまもる」とスッキリと打ち出せるようになった

小木曽　改定綱領が、天皇の制度についての認識と方針の発展を行ったことは、どういう意義があったのか。この点についてお話しください。

志位　この綱領改定は、日本国憲法の天皇条項の分析的吟味の結果から導かれたものでしたが、それは結果として、日本の社会変革の事業をより合理的にすすめるうえで、大きな積極的意義をもつ改定となりました。3点について強調したいと思います。

第一は、この綱領改定によって初めて、「現行憲法の前文をふくむ全条項をまもり、とくに平和的民主的諸条項の完全実施をめざす」という立場を、綱領のなかでスッキリ打ち出すことが可能になったということです。

小木曽　綱領で「全条項をまもる」と打ち出したのは04年の改定綱領が初めてですね。

志位　そうです。前の綱領では、「君主制の廃止」という憲法改正を必要とする課題を掲げていたため、憲法については、「憲法改悪に反対し、憲法に保障された平和的民主的諸条項の完全実施を要求してたたかう」（1961年綱領）とまでしか綱領に書けませんでした。改定綱領では、「全条項をまもる」ということを、初めて明確に打ち出せるようになったのです。

憲法問題のたたかいの最大の焦点は、憲法9条の改定問題ですが、それを許さないためには、どんな形であれ憲法の部分的な「改正」案の土俵にのらないことが非常に大切です。改定綱領が現行憲法の「全条項をまもる」という立場をスッキリ打ち出したことは、憲法9条擁護を中心とする憲法改定反対のたたかいを発展させるうえでも、大きな力を発揮するものとなったということがいえると思います。

「制限規定の厳格な実施」をより強い立場で打ち出せるようになった

志位　第二は、この綱領改定によって、天皇の制度への対応としても、「制限規定の厳格な実施」をはじめ、憲法の条項と精神にそくした改革を、より強い立場で打ち出せるようになったということです。

わが党は、前の綱領の時代にも、現憲法の「制限規定の厳格な実施」という立場に立って、さまざまな改革の提案をしてきました。

たとえば、１９７３年１月、日本共産党国会議員団は、国会の開会式の民主的改革を提案しています。この提案は、現在の開会式のあり方が帝国議会時代の反民主的行事のひきつぎであること、開会式での天皇の発言に国政に関する政治的発言がふくまれていたことを批判し、国民主権の憲法にふさわしい開会式への改革を求めたもので、画期的な提案として注目されました。わが党は、この提案を行うさいに、将来の政治制度についての党の立場を押し付けるものではなく、現行憲法の主権在民の原則と諸条項をもっとも厳格にまもるべきという見地からのものであることを強調しました。

決議案・党綱領改定案を採択する日本共産党第23回大会＝2004年１月17日、静岡県熱海市

それでも、綱領に「君主制の廃止」を掲げていたもとで、わが党の提起は「君主制の廃止」の立場からのものと誤解・曲解されることもありました。「共産党はイデオロギー的にこの問題をとりあげている」といった不当な攻撃もくわえられました。改定綱領では、「君主制の廃止」を削除したことで、そのような誤解・曲解を払拭《ふっしょく》し、不当な攻撃をはねかえして、「制限規定の厳格な実施」をはかるうえで、より強い立場に立てることになったといえるのではないでしょうか。

小木曽 「共産党のいうことは何でも『天皇制反対』の立場からのものだろう」といった式の議論がいよいよ通用しなくなったということですね。

天皇の制度への是非をこえて統一戦線を安定的に発展させるたしかな展望が開かれた

志位 第三は、天皇の制度への賛否をこえて、当面の民主的改革のプログラムに賛成するすべての人々との統一戦線をつくり、安定的に発展させることができるようになったということです。

小木曽 以前の綱領では、天皇の制度と統一戦線はどういう関係だったのでしょうか。

志位 以前の綱領では、当面の要求を定めた「行動綱領」をのべたうえで、「以上の要求の実現をめざし……民族民主統一戦線をつくりあげる」とされていました。ところが、

「行動綱領」のなかには、思想の面での「天皇主義的・軍国主義的思想」を克服するたたかいに触れているだけで、「君主制の廃止」という要求は掲げていません。「君主制の廃止」という課題は、民主主義革命が発展するプロセスの先のほうの段階に位置づけられているのです。そうなりますと、統一戦線の出発点では「君主制の廃止」という合意がないが、途中で「君主制の廃止」を目標にした統一戦線への発展をめざすという複雑なことになってしまいます。

小木曽　難しい問題になりますね。

志位　そうですね。改定綱領では、こういう難しい問題が解消されました。天皇の制度に賛成する人も、反対する人も、この問題に対する立場の違いをこえて、外交、経済、民主主義などの民主的改革に賛成する人はみんなで力をあわせて統一戦線をつくり、統一戦線を安定的に発展させるたしかな展望が開かれました。

小木曽　なるほど。この改定のもたらした積極的意義はきわめて大きなものがありますね。

志位　そう思います。

制限規定を厳格に実施し、憲法の条項と精神からの逸脱を是正する

天皇の政治利用を許さない——憲法違反の無法ぶりを示した「主権回復の日」式典

小木曽　先ほど委員長は、「いま、この問題で最も力をそそぐべき中心課題は、『制限規定の厳格な実施』『憲法の条項と精神からの逸脱の是正』にある」ということをいいました。いま問われている問題に対する日本共産党の態度をお話しください。

志位　まず、「国政に関する権能を有しない」という憲法の「制限規定の厳格な実施」をはかり、天皇の政治利用を許さないたたかいが非常に大切になります。

明仁《あきひと》天皇の時期をふりかえってみて、最悪の政治利用だったとあらためて思うのは、安倍内閣が、2013年4月28日、「主権回復の日」記念式典を開催し、ここに天皇夫妻を出席させたことです。この日は、サンフランシスコ平和条約と日米安保条約によって、日本が対米従属の体制に組み入れられた日であるとともに、沖縄では、平和条約により日本から切り離され米国の施政下におかれた「屈辱の日」とされている日です。政府の計画に

対して、国民のなかから批判の声が広がりました。

私は、事態は深刻だと考え、式典に先立つ4月22日に見解を発表し、式典開催の問題点を批判するとともに、「今回の式典のような、明らかな特定の政治的意図をもったもの、国民のなかで意見が分かれるようなものについて、天皇の出席を求めることは認められるものではありません」と強調し、①「主権回復の日」式典の開催の中止を求めるとともに、②式典開催の是非で立場が異なったとしても、天皇に式典出席を求める方針は日本国憲法に反する天皇の政治利用であり、この方針を撤回すること――を政府に申し入れました。

安倍政権は、わが党の批判を無視して式典を強行しましたが、強い批判が起こりました。安倍政権のこの行動は、自らの政治的目的のためには、憲法に反した天皇の政治的利用をためらわない無法ぶり、傲慢《ごうまん》ぶりを示すものとなったと思います。こうした行動を絶対にくりかえさせてはなりません。

天皇の「公的行為」――憲法からの逸脱、問題点はないかきちんと吟味を

小木曽　天皇の「公的行為」についてさまざまな議論があります。

志位　この式典への天皇の出席も、天皇の「公的行為」として行われたものです。天皇の「公的行為」として行われているもの一つひとつについて、不当な政治利用はないか、

憲法の条項からの逸脱はないか、さらに憲法の精神にてらして問題点はないかなどを、きちんと吟味することが必要だと思います。

小木曽　天皇の制度の政治利用という点では、いま安倍首相が進めている憲法改定への政治利用も重大ですね。

志位　その通りですね。この問題はきわめて重大です。このインタビューの最後にふれたいと思います。

「天皇主権」の時代の儀式をそのまま踏襲するという時代錯誤をあらためる

小木曽　「憲法の条項と精神からの逸脱を是正」するという点ではどういう問題があるでしょうか。

志位　いろいろな問題がありますが、まずあげたいのは、大日本帝国憲法時代につくられた儀式をそのまま踏襲《とうしゅう》するという時代錯誤の事態を是正することです。

たとえば国会の開会式についていうと、戦前の大日本帝国憲法下では、「主権在君」の原則のもと、議会は天皇の「協賛機関」にすぎませんでした。当時行われていた「開院式」は、統治権の総攬《そうらん》者とされ、立法権を握る天皇から、勅命《ちょくめい》によって「議会に活動能力が与えられる」儀式でした。国民主権の日本国憲法のもとで、国権の最高機関とされている国会の開会式が、戦前の「開院式」の形式をそのまま踏襲するものとなっていることは、大きな問題です。

小木曽　２０１６年1月の国会から、日本共産党国会議員団は開会式に出席するようになりました。

志位　以前の開会式では、天皇の発言のなかに、米国政府や自民党政府の内外政策を賛美・肯定するなど、国政に関する政治的発言が含まれており、わが党はそれを批判してきました。その後、開会式での天皇の発言に変化が見られ、この三十数年来は、儀礼的・形式的なものとなっています。天皇の発言の内容には憲法からの逸脱は見られなくなり、儀礼的・形式的な発言が慣例として定着したと判断し、開会式に出席することにしました。

一方で、開会式の形式が戦前をそのまま踏襲するものとなっているという問題点は、現在にいたるもなんら改善されておらず、引き続き抜本的改革を求めていくことには変わりはありません。私自身、実際に開会式に出席してみて、天皇のために、特別に高い席が設けられ、そこで「お言葉を賜《たまわ》る」という形式は、現憲法の主権在民の原則と精神にふさわしいものではないということを、肌身を通じて実感しました。

小木曽　儀式という点では、この間行われている「代替わり」の儀式も、憲法に反する大きな問題があります。

志位　政府は、新天皇の即位にあたって、１９８９年から90年にかけて行われた「平成の代替わり」の儀式を踏襲するとして、一連の儀式を行っています。わが党は、２０１８

年3月、政府に対して「天皇の『代替わり』にともなう儀式に関する申し入れ」(本書に収録)を行いました。政府の進める儀式が、戦前の絶対主義的天皇制のもとでつくられ、現行憲法のもとで廃止・失効した旧皇室典範と登極令《とうきょくれい》をそのまま踏襲したものであって、国民主権と政教分離という憲法の原則に反することを具体的に批判し、現行憲法の精神にそくして全体として見直すことを強く求めました。政府は、わが党の「申し入れ」を真剣に検討しようとせず、憲法の原則に反する、時代錯誤の儀式を強行しています。事実にそくした冷静な批判と抜本的是正を求めるとりくみが引き続き重要です。

小木曽　国会の開会式にせよ、「代替わり」の儀式にせよ、戦後、天皇主権から国民主権への大転換が起こった時点で、抜本的見直しが必要でした。

志位　そのとおりです。政府は、それをしないまま、「伝統的なやり方」などと説明しているわけですが、「伝統」といっても明治期以降のものであり、それが日本国憲法の原則と食い違ったら、憲法の原則にそくしてあらためるべきなのです。

国会での「賀詞」決議について――二つの原則を堅持して対応してきた

小木曽　新天皇の即位に対する国会での「賀詞」に日本共産党議員団が賛成したことが話題になりました。

志位　先ほどお話ししたように、改定綱領では、天皇条項をふくめて現行憲法の「全条項をまもる」という態度をとることを明らかにしています。そうした立場をふまえ、日本共産党は、この種の問題について、次の二つの原則を堅持して対応を行ってきました。

第一は、天皇の制度は、憲法上の制度であり、即位や慶事、弔事などのさいには儀礼的な敬意をもって対応するということです。私自身、現天皇夫妻に長女が誕生したときには祝意をのべましたし、現天皇の即位にあたっても祝意を表明しました。党の綱領で、天皇条項もふくめて現行憲法の「全条項をまもる」という態度を表明している以上、憲法上の制度である天皇の制度に対して、儀礼的な敬意を払うのは当然だと考えています。

第二は、同時に、憲法の国民主権の原則にてらして、天皇および天皇の制度を過度に賛美したり、国民に賛美を強制することには反対してきました。すでにのべたように、日本国憲法は、主権者である国民と、天皇および天皇の制度との関係を、厳格に規定し、後者を主権者・国民の全面的なコントロールのもとにおくものとなっています。この主客を転倒させるような動きには、わが党は賛成しないという態度をつらぬいてきました。

小木曽　「賀詞」にかかわって、具体的にお話しください。

志位　わが党議員団は、一連の「賀詞」の一つひとつを、先にのべた二つの原則にそくして厳密に検討し、対応してきました。

まず、わが党議員団は、2月26日の衆議院本会議での「天皇ご即位30周年」の「賀詞」決議に対しては、「即位〇〇周年」ということで「賀詞」決議をあげた前例はなく、異例のことであり、全体として天皇を過度に賛美するものとなっているとして賛成せず、欠席の態度をとりました。参議院本会議でも同様の決議に対して、同じ態度をとりました。とくに、決議のなかに「国民ひとしく敬慕《けいぼ》の念に堪《た》えない」という文言があり、国会として、「国民ひとしく……」という決議をあげることは、事実上、国民に対して祝意を強制することになります。国民主権の原則から問題であるだけでなく、思想・信条・内心の自由にも触れることになり、わが党として賛成できるものではありません。

つぎに、5月9日の衆院本会議での新天皇即位の「賀詞」決議については、憲法にてらして問題点を指摘しつつ、賛成するという対応をとりました。その日の記者会見での私の発言を紹介しておきます。

「天皇の制度というのは憲法上の制度です。この制度に基づいて新しい方が天皇に即位したのですから、祝意を示すことは当然だと考えています。

ただ、（賀詞の）文言のなかで、『令和の御代《みよ》』という言葉が使われています。『御代』には『天皇の治世』という意味もありますから、日本国憲法の国民主権の原則になじまないという態度を、（賀詞）起草委員会でわが党として表明しました」

ここでのべているように、わが党議員団は、憲法の国民主権の原則にてらして問題点を指摘しつつ、祝意を示すという点で賛成しうるという態度をとりました。この決議案には、「国民ひとしく……」という文言もありませんでしたから。

つづいて、5月15日の参議院本会議での新天皇即位の「賀詞」決議は、賛成という対応をとりました。参議院では決議案から「令和の御代」という言葉がなくなっていたので、とくに異論を表明する必要もなくなり、賛成という態度をとりました。

小木曽　なるほど。一つひとつを厳格に吟味して対応しているのですね。

志位　そうです。とくに重視しているのは、国民主権をはじめ日本国憲法の条項と精神にてらして問題がないかという点です。憲法からの逸脱があれば是正のために力をつくす。この立場で国会での対応を行っているのです。

元号について――どう考え、どう対応するか

元号に対する日本共産党の基本的態度について

小木曽　元号が「平成」から「令和」に変わりました。元号について、日本共産党はどういう態度をとっているのですか。

志位　私は、新元号の発表にあたって、4月1日に記者会見で次の談話を発表し、党としての基本的考え方をのべました。

「一、元号は、もともと中国に由来するもので、『君主が空間だけでなく時間まで支配す

る』という思想に基づくものである。それは日本国憲法の国民主権の原則になじまないものだと考えている。

一、わが党は、国民が元号を慣習的に使用することに反対するものではない。同時に、西暦か元号か、いかなる紀年法を用いるかは、自由な国民自身の選択にゆだねられるべきであって、国による使用の強制には反対する。

一、政府は、これまでも『一般国民にまで（元号の）使用を強制することにはならない』ことを『政府統一見解』として明らかにしている。

この立場を厳格に守ることを、あらためて求める」

最初の段落は、元号に対するわが党の「認識」、「立場」をのべたものです。「国民主権の原則になじまない」という、そもそもの「認識」、「立場」を表明しました。つけくわえていえば、一人の天皇で一つの元号という「一世一元」が採用されたのは、「天皇制の伝統」でも何でもなく、明治期以降のことであって、天皇制の専制政治によって国民を支配していく政策の一つとして始まったということも、強調しておきたいと思います。

慣習的使用に反対しないが、使用の強制に反対する

志位　そのうえで、元号に対する対応の問題ですが、「慣習的使用に反対しないが、使用の強制に反対する」という態度をのべました。

小木曽「慣習的使用に反対しない」と。

志位 そうですね。どんな紀年法をもちいるかは、自由な国民の選択にゆだねられるべきだという立場です。「しんぶん赤旗」でも、慣習的に元号を使用する方などへの便宜をはかるうえで、元号を併記していますね。

小木曽 この方針は、新元号のもとでも続けていきます。同時に、「使用の強制」に反対するということですね。

志位 ここが肝心な点です。実際には、談話で紹介している「政府の統一見解」にも反する強制が、さまざまな形で行われています。

たとえば戸籍です。1979年6月、元号法の施行にともなって法務省の通達が出されていますが、そこでは「国民に対してその使用を義務付けるものではない」としながら、「西暦による表示を併記した謄・抄本等の交付請求がなされても、これに応じることはできない」と明記されています。これは明らかな元号の強制というほかありません。元号使用の強制、事実上の強制が各所に残されており、是正が必要です。

元号の将来――その解決は、主権者である「国民の総意」にゆだねる

小木曽 元号の将来についてはどう考えますか。

志位 この談話を発表した記者会見でも、同じ質問がありました。私は、「いま元号あ

るいは元号法を廃止すべきという立場には立っていない。将来、国民の総意によって解決されるべきだと考えている」と答えました。

この問題での態度は、天皇の制度の将来に対する態度と同様のものです。私たちの元号に対する「認識」、「立場」は、「国民主権の原則になじまない」というものです。同時に、その解決は、将来、主権者である「国民の総意」にゆだねるということです。

ただし、天皇の制度は憲法上の制度ですが、元号は法律上の制度です。法律を変えればこの制度を廃止、あるいは変更することは可能です。元号に対する国民の意識からみても、その解決の時期は、天皇の制度の問題が解決される時期よりも、ずっと早い時期になると考えていいのではないでしょうか。

元号が変われば世の中が変わるか――社会を変えるのは主権者である国民のたたかい

小木曽　ところで、元号で「時代」を論じるということがさかんです。「令和」の時代でがらりと世の中が変わるといった議論も氾濫《はんらん》しています。

志位　私は、ここに、元号にかかわる一つの大きな問題点があると思います。私も記者会見で、記者のみなさんから「『平成の時代』をどう総括するか」とか、「『令和の時代』に何を期待するか」などと、よく問われます。

私は、「そもそも私たちは、天皇の在位、あるいは元号によって時代を区分するという考え方に立っていない」と答えています。

歴史において、一つの「時代」が終わり、あるいは始まるというのは、社会、政治、経済、文化の全体が大きく変化することによってです。たとえば、1945年の日本軍国主義・帝国主義の敗北は、まさにそうした意味での時代の大転換でした。政治制度の面で、天皇絶対の専制政治から、主権在民を原則とする民主政治に変わり、経済・社会制度でも大変動が起こりました。

しかし、いま天皇が「代替わり」し、元号が「平成」から「令和」に変わったことで、時代が変わったかというと、そんなことはありません。安倍政権による国民の暮らし、平和、民主主義をおしつぶす政治の実態は、何一つ変わっていません。元号が変わったことによって、時代が変わるとか、社会が変わるとかといった議論は、一つの幻想・錯覚であり、私たちは決してくみするわけにいきません。時代を変え、社会を変えるのは、主権者である国民の世論であり、国民のたたかいなのです。

小木曽　その基本点をおさえた、冷静な議論が大切ですね。

「皇室典範」にかかわる問題
――天皇の退位、女性・女系天皇について

憲法の条項と精神に適合する改正には賛成する

小木曽　天皇の「代替わり」にかかわって、天皇の退位の問題、女性・女系天皇の問題など、現行の「皇室典範」の問題が、さまざまな角度から議論されています。

志位　現行の「皇室典範」は、戦前の絶対主義的天皇制と一体につくられた「旧皇室典範」を、戦後、日本国憲法が制定されたさいに、新憲法に明らかに不適合と考えられた部分だけを削除したうえで、存続させたものです。そういう経緯で現在に残っているものですから、現行憲法の条項と精神にてらして、いろいろな矛盾点が残されています。

「皇室典範」の改正に対する私たちの態度を一言でいえば、「改正が提起された場合、日本国憲法の条項と精神に適合する改正には賛成する」というものです。

天皇の退位――「個人の尊厳」という憲法の最も根本の精神にてらして賛成した

小木曽　今回の「代替わり」は、天皇の退位にともなってのものとなりました。

志位　天皇の退位は、現「皇室典範」が認めていないものです。この問題が提起されたさいに、私たちが基準においたのは、日本国憲法の条項と精神でした。

私は、この問題について、「『個人の尊厳』という日本国憲法の最も根本の精神にてらして考えるなら、一人の方に、どんなに高齢になっても仕事を続けるよう求めるという現在のあり方には改革が必要です」（２０１７年1月24日）と表明しました。わが党は、国会での審議において、政治の責任において天皇の退位を認める法改定を行うことに賛成するという態度をとりました。

小木曽　天皇の人権ということをふまえた対応ですね。

志位　その問題を検討しました。天皇の制度は、「世襲」の制度であるという点で、憲法が定める平等原則と相いれない制度であり、それにともなって、天皇の人権が一定程度制約されることは、避けることはできません。同時に、天皇もまた人間であることに変わりはなく、当然に保障されるべき権利があると考えます。とくに「尊厳をもって生きる権利」という日本国憲法が保障した最も根本の権利は、天皇にも保障されるべきだと、私たちは考え、こうした表明を行いました。

小木曽　今回は、「皇室典範」の改正でなく、退位に関する「特例法」によって、退位が行われましたが、今後についてはどう考えますか。

志位　今後については、そうした提起がされたさいに状況にそくして検討しますが、一般論でいえば、高齢の問題は、明仁天皇の特別の問題でなく、誰にでも訪れるものであって、今回の「特例法」は先例となるものです。

女性・女系天皇について――憲法にてらして認めることに賛成する

小木曽　女性・女系天皇については、どう考えますか。

志位　私たちは、憲法にてらして女性・女系天皇を認めることに賛成です。

小木曽　憲法にてらしてとは、どういう意味ででしょうか。

志位　日本国憲法では、第1条で、天皇について「日本国の象徴」「日本国民統合の象徴」と規定しています。

「日本国民統合の象徴」とは、天皇が積極的・能動的に国民を「統合する」ということではありません。もしかりにそのような権能を天皇に認めたら、政治的権能を有しないという憲法の制限条項と矛盾するという問題が生まれてくるでしょう。「日本国民統合の象徴」という憲法の規定は、さまざまな性、さまざまな思想、さまざまな民族など、多様な人々によって、まとまりをなしている日本国民を、天皇があくまで受動的に象徴すると理解されるべきだと考えます。

そのように「象徴」が理解されるならば、多様な性をもつ人々によって構成されている日本国民の統合の「象徴」である天皇を、男性に限定する合理的理由はどこにもないはずです。「皇室典範」では、戦前の規定そのままに、第1条で、男系男子だけに皇位継承の資格を認めていますが、これを改正し、女性天皇を認めることは、日本国憲法の条項と精神にてらして合理性をもつと考えます。女系天皇も同じ理由から認められるべきと考えます。

小木曽　男女平等、ジェンダー平等という見地からはどうでしょうか。

志位　皇室の内部での男女平等という見地からこの問題に接近すると、「もともと世襲という平等原則の枠外にある天皇の制度のなかに、男女平等の原則を持ち込むこと自体がおかしい」という批判も生まれるでしょう。

私は、そういう接近でなく、国民のなかでの両性の平等、ジェンダー平等の発展という角度から接近することが重要ではないかと考えています。「日本国の象徴」「日本国民統合の象徴」の地位にある天皇を男性に限定しているという現状をただすことは、国民のなかでの両性の平等、ジェンダー平等を発展させるうえでも意義ある改革になるのではないかと、考えるものです。

憲法9条改定への天皇の政治利用を許してはならない

小木曽　先ほど委員長は、天皇の制度の政治利用という点では、いま安倍首相が進めている憲法9条改定への政治利用が重大だという指摘をしました。

志位　これは、現在行われている最も危険な天皇の政治利用だと、強く警鐘を鳴らさなければなりません。

安倍首相は、5月3日の改憲集会に寄せたメッセージで次のようにのべています。

「一昨日、皇太子殿下がご即位され、新しい時代、令和の時代がスタートしました。国民こぞって歴史的な皇位継承をことほぐ中、令和初の憲法記念日に『第21回公開憲法フォーラム』が盛大に開催されますことを、まずもってお喜び申し上げます」「憲法は国の理想を語るものであり、次の時代への道しるべであります。令和元年という新たな時代のスタートラインに立って、私たちはどのような国づくりを進めていくのか、この国の未来像について真正面から議論を行うべきときに来ているのではないでしょうか」

また、ある右派雑誌での対談では、次のようにあけすけにのべています。

「令和の時代にふさわしい憲法づくりへ、機運を盛り上げていきたいと思います」

(『WiLL』2019年7月号)

いったい、天皇の「代替わり」、元号の変更と、憲法改定がどんな関係があるというのでしょうか。何一つ関係はありません。「令和の時代」がスタートした、さあ「新しい時代」にふさわしい憲法をつくろうと、自らの野望である9条改憲の旗振りを行う。これは、天皇の制度の最悪の政治利用というほかありません。

強く警戒する必要があるのは、「国民こぞって歴史的な皇位継承をことほぐ」といった式の、天皇の「代替わり」への祝意の強制とセットで、こうした言説が流され、多くのメディアがそれを無批判にたれ流していることです。

天皇とその制度を過度に礼賛し、国民に祝意を強制するキャンペーンが行われていることが、主権者は国民であるという日本国憲法の根本原則を弱める力として働いていることは、きわめて重大です。

小木曽　萩生田《はぎうだ》自民党幹事長代行は、「ご譲位が終わって、新しい時代になったら、少しワイルドな憲法審査を自由民主党はすすめていかなければならない」と語りました。

志位　本音を露骨に語った発言ですね。祝意の強制をさまざまな形で氾濫させ、「令和の時代」「新しい時代」を連呼して、憲法で規定された主権者である国民と天皇との関係で「主客転倒」の社会的雰囲気をつくりだし、そうした状況をも利用して、改憲策動の行き詰まりを打開し、ことを一挙にすすめよう――こうした政略的意図が働いていることを、強く批判しな

プラカードを手に、コールする憲法集会参加者＝2019年５月３日、東京都江東区

ければなりません。

天皇の制度を政治利用して、海外での無制限の武力行使を可能にし、「戦争する国」づくりをすすめる憲法9条改定を強行するという暴挙を、決して許してはなりません。そのことを最後に強く訴えたいと思います。

小木曽　「しんぶん赤旗」も大いに理性の論陣をはっていきたいと決意しています。長時間、ありがとうございました。

（「しんぶん赤旗」２０１９年6月4日付）

天皇の「代替わり」にともなう儀式に関する申し入れ（抜粋）

2018年3月22日　日本共産党中央委員会

日本共産党は、日本国憲法の全条項をまもる立場から、天皇の「代替わり」にともなう一連の儀式にあたっても、日本国憲法の原則――とくに国民主権と政教分離の原則を厳格にまもることが大切であると考え、以下の提案を行います。

わが党の提案は、天皇制反対の立場ではなく、憲法の原則にふさわしい行事にすべきという立場からのものです。

（1）

新たな天皇の即位にあたって、政府は1989年から90年にかけて行われた「平成の代替わり」の儀式を踏襲するとしています。ここには日本国憲法にてらして重大な問題があります。

それは前回の儀式が、明治憲法下の絶対主義的天皇制のもとで公布された旧皇室典範と登極令《とうきょくれい》を踏襲したものであったということです。

旧皇室典範（1889年＝明治22年制定）は、「践祚《せんそ》即位」の章で、「天皇崩ずるときは皇嗣《こうし》即ち践祚し、祖宗の神器を承《う》く」として、「践祚即位」と「三種の神器」の承継が一体のものとされました。

登極令（1909年＝明治42年）は、明治

天皇が死去する3年前に、明治政府が天皇の「代替わり」を想定して、天皇主権と国家神道にもとづいて「践祚」（皇位継承）、「改元」、「即位礼」、「大嘗祭《だいじょうさい》」など儀式のあり方を定めたものでした。

いずれも、天皇神格化と国家神道を徹底する立場から、明治期につくられたものです。そして、いずれも、現行憲法のもとで廃止・失効しているものです。政府は、前回の「代替わり」の儀式について、「憲法の趣旨に沿い、かつ、皇室の伝統等を尊重したもの」と説明しましたが、実際に行われた儀式は、国民主権と政教分離という憲法の原則に反するものとなりました。またそれは、明治期につくられたものであり、「皇室の伝統」とも言えないものでした。

今回の天皇の「代替わり」にさいして、このような儀式を繰り返すべきではありません。儀式のあり方を、現行憲法の精神に即して、全体として見直すべきです。

（2）

とりわけ、前回の「代替わり」で行われた以下の国事行為や儀式は、明らかに日本国憲法の原則――国民主権と政教分離の原則に反するものであり、根本的な見直しが必要だと考えます。

○「剣璽《けんじ》等承継の儀」（国事行為として行われた）は、登極令にあった「剣璽渡御《とぎょ》の儀」を、ほぼそのまま再現し、皇位のあかしとされる「三種の神器」を構成する剣・璽（勾《まが》玉《たま》）と、「国璽《こくじ》」・「御璽《ぎょじ》」を、新しい天皇に引き継ぐ儀式として行われました。「三種の神器」は、『古事記』や『日本書紀』にのべられた神話で、天照大神が孫の瓊瓊杵尊《ににぎのみこと》に、地上を統治せよと命じて高天原《たかまがはら》から下ろしたさいに授けたとされるものです。

現行憲法は、天皇の地位について、「主権の存する日本国民の総意に基く」としています。天皇の地位は、主権者国民の総意にもとづくものであり、「三種の神器」の「承継」をもって天皇の「代替わり」のあかしとする儀式を国事行為として行うことは、憲法の国民主権の原則と両立しません。また、きわめて宗教色の濃いこうした儀式を国事行為として行うことは、憲法の政教分離の原則とも相いれません。

それは、日本国憲法のもとで制定された現在の皇室典範では、「天皇が崩じたときは、皇嗣が、直ちに即位する」（第4条）とだけのべられ、旧典範にあった「三種の神器」を受け継ぐことを意味する「践祚」という言葉も、「神器」という用語も、ともに削除されたことにも示されています。

「三種の神器」を、天皇家が家宝として大切にあつかい、代々受け継いでいくことを否定するものではありませんが、それは天皇家の私的行為として行うべきであり、国事行為とすべきではありません。

前回の「剣璽等承継の儀」では、皇族の出席者は男性皇族だけとされ、新皇后を含めて、女性皇族は排除されました。こういう問題が生じたのは、登極令で「剣璽渡御の儀」の出席者を皇太子、皇太孫、親王などの皇位継承権を持つ男性皇族に限定し、それを踏襲したからにほかなりません。ここにも「剣璽等承継の儀」を国事行為とすることの矛盾、時代錯誤があらわれていることを、指摘しなければなりません。

○「即位後朝見の儀」（国事行為として行われた）は、即位した新天皇が、即位後初めて公式に三権の長など国民を代表する人びとと会う儀式とされています。

しかし、「朝見」とは、臣下（家来）が宮

中に参上して天子に拝謁《はいえつ》することを意味します。実際の儀式のあり方も、天皇の「お言葉」に対して、首相が、「最善の努力を尽くすことをお誓い申し上げます」と「奉答文」を読み上げるなど、憲法の国民主権の原則にそぐわない内容となりました。

こうした儀式を国事行為として繰り返すべきではありません。

○国事行為として行われた「即位の礼」の一連の儀式のなかでも、とくに「即位礼正殿の儀」は、大きな問題があります。

前回の「即位礼正殿の儀」は、即位を公に宣明するとともに内外の代表が即位を祝う儀式として行われました。「神話」にもとづいてつくられた、神によって天皇の地位が与えられたことを示す「高御座《たかみくら》」と呼ばれる玉座から天皇が言葉をのべ、その下から内閣総理大臣が祝いの言葉をのべて万歳三唱が行われました。

しかも、「即位の礼」は、徹頭徹尾、神道行事である「大嘗祭」と一体に行われました。昭和天皇の死去から1年10カ月もたってから「即位の礼」と「大嘗祭」が続けて行われたことにも、これらが一体不可分であることが示されています。こうした時期に行われたことは、登極令で、「大嘗祭」は、秋冬の間に「即位の礼」に続けて行うという規定にのっとったものとしか説明がつきません。そのために、天皇の即位から「即位の礼」まで長い期間をあけるというきわめて不自然・不合理なものとなっているのです。

こうした儀式は、憲法の国民主権、政教分離の原則とは両立せず、国事行為にふさわしくありません。

○「大嘗祭」そのものについていえば、天皇が神と一体になり、そのことによって民を支配していく権威を身につける儀式として古来より位置づけられてきたものです。

前回は、宗教上の儀式と見られることなどから「国事行為として行うことは困難」(1989年12月21日、閣議口頭了解)とはされましたが、事実上の国家的行事として多額の公費(宮廷費)がつぎ込まれました。こうしたあり方は、国民主権の原則にも、政教分離の原則にも明らかに反しています。

天皇の「代替わり」にともなう儀式は、憲法にもとづく国民主権と政教分離の原則にかなった新しいやり方をつくりだすべきです。

(3) 略